Romano Guardini

Engel

topos taschenbücher, Band 1083
Eine Produktion des Matthias Grünewald Verlags

Romano Guardini

Engel

Theologische Betrachtungen

topos taschenbücher

Verlagsgemeinschaft topos plus
Butzon & Bercker, Kevelaer
Don Bosco, München
Echter, Würzburg
Matthias Grünewald Verlag, Ostfildern
Paulusverlag, Einsiedeln (Schweiz)
Verlag Friedrich Pustet, Regensburg
Tyrolia, Innsbruck

Eine Initiative der
Verlagsgruppe engagement

www.topos-taschenbuecher.de

Bibliografische Information der Deutschen Nationalbibliothek
Die Deutsche Nationalbibliothek verzeichnet diese Publikation in der Deutschen Nationalbibliografie; detaillierte bibliografische Daten sind im Internet über http://dnb.d-nb.de abrufbar.

ISBN 978-3-8367-1083-1

2024 Verlagsgemeinschaft topos plus, Kevelaer
8. Taschenbuchauflage

„Der Engel. Drei Ansprachen“: unveränderter Nachdruck aus „Predigten im Kirchenjahr“, Leipzig 1963
„Der Engel des Menschen“: unveränderter Nachdruck aus „Wahrheit und Ordnung. Universitätspredigten“, Heft 6, Würzburg 1956.
„Der Engel“: unveränderter Nachdruck aus „Geist und Wahrheit“, 3. Auflage, Mainz 1988.
Umschlagabbildung: marsj/photocase.de
Einband- und Reihengestaltung: Finken & Bumiller, Stuttgart
Herstellung: Friedrich Pustet, Regensburg
Printed in Germany

Inhalt

Der Engel

Drei Ansprachen

Vorbemerkung

Die Morgenbetrachtungen dieser Tage sollen sich jenen heiligen Gestalten zuwenden, welche in der Liturgie so oft erscheinen und der christlichen Kunst so teuer sind: den Engeln. Sie stehen gleichsam am Rande der den Menschen zugewiesenen Welt. Sie kommen von Gott her zu uns, verlassen uns wieder und entschwinden in das Geheimnis des Himmels.

Mit ihrer Gestalt ist im Laufe der Zeit eine Veränderung vor sich gegangen. Wenn die Schrift von ihnen spricht, erscheinen sie in der Herrlichkeit und Glut

Gottes. Das Geheimnis des Gottesgeistes umgibt sie. Seine Mächtigkeit erfüllt sie. Diesen Charakter behalten die Engel im Bewußtsein der Glaubenden lange Zeit hindurch. Dann aber wird ihre Gestalt immer menschenhafter. Ihr Wesen gleitet immer tiefer in die Welt. An die Stelle des heiligen Geisteswaltens tritt das religiöse Gefühl; an die Stelle des Glaubens die Legende oder gar ein von niemand mehr ernstgenommenes Märchen. Ihr Bild wird sentimental, spielerisch, und für das christliche Leben verlieren sie alle Bedeutung.

Diese Morgenbetrachtungen möchten etwas von der ursprünglichen biblischen Größe der Engel erfassen.

I. Der „Engel des Herrn“
(Gen 32, 22–32)

Am Beginn der eigentlichen Offenbarungsgeschichte stehen die Gestalten der drei Altväter: Abraham, Isaak, Jakob. Der erste zeichnet sich groß und deutlich ab. Der zweite, Isaak, ist ein geheimnisvoller Mensch; einer aus den Schweigern in der heiligen Geschichte. Sein Wesen scheint darin zu bestehen, daß er überhaupt da ist: Gabe an den Glauben, Brükke über die Unmöglichkeit. Während sein stilles Leben erzählt wird, wächst neben ihm die Gestalt seiner Söhne auf, des Jakob und des Esau, die sich, voneinander tief verschieden, aber beide leidenschaftlich lebend und handelnd, kräftig durchsetzen. Jakob vor allem zieht bald die Aufmerksamkeit auf sich. Er ist klug und der Liebling seiner Mutter. Wir hören, wie er mit ihr zusammen den Bruder um sein Erstgeburtsrecht bringt und bekommen so bald die schlimme Seite seines Wesens zu fühlen. Die Schrift ist redlich. Sie schildert die Großen nicht als Helden ohne Fehl und Makel, sondern in menschlicher Wahrheit. So finden sich im Bilde ihrer Auserwählten neben dem Licht dunkle Schatten. Jakob war einer, der fühlt, daß göttliches Handeln um ihn her im Gange, und er selbst hineingerufen ist. Er hatte, was wenige haben: das Bewußtsein, Geschichte zu tragen. Das, was Schicksal anzieht und zur Reife bringt. Er lebte unter Verheißung und Zuweisung. Was er faßte, ließ er nicht los; er war zäh und unermüdbar. Er fühlte die Wichtigkeit der irdischen Dinge und war doch von der Wirklichkeit des Unirdischen berührt. Von ihm muß also Großes gesagt werden – aber auch, daß er heimlich und listig war und den Trug nicht scheute. Gewiß soll man nicht zu einfach urteilen; nichts ist ja so billig wie moralische Bewertung, und nichts veranlaßt so unwillkürlich zu einem Seitenblick auf die Zuständigkeit dessen, der sie übt. So könnte man sagen, Jakob habe gefühlt, worum es ging: um den Weg der kleinen Sippe mit ihrer Verheißung durch die harte Zeit. Er habe gesehen, daß der Bruder kühn war, aber unernst; tapfer, aber leichtsinnig; ritterlich, aber ohne jene tiefere Ehre, welche weiß, worum es geht und die eigenen Launen der Verantwortung für das Anvertraute unterordnet. Die Art, wie Esau das Erstgeburtsrecht wegwirft, zeigt ja, daß ihm das Gewissen der großen Schicksals- und Geschichtsträger gefehlt hat. Darum habe Jakob ihm das aus der Hand genommen, dessen er nicht würdig gewesen sei... So könnte man denken, und hätte damit wohl mehr Recht, als mit rascher Moral. Dennoch bleiben das Unrecht und der Makel. Aber Jakob hat auch furchtbar dafür gebüßt. Wenn man von ihm spricht, denkt man nur daran, daß er seinen Bruder um das Erstgeburtsrecht gebracht hat, vergißt aber, daß seine Söhne, als er alt und blind war, wie einst sein Vater, ihm den blutigen Trug um sein Lieblingskind angetan haben. Auch davon erzählt die Schrift, und beides gehört zusammen.

Die Genesis berichtet nun, wie Isaak seinen Sohn in die alte Heimat schickt, damit er sich dort ein Weib hole. Auf dem Wege dorthin, in Bethel, schaut er zur Nachtzeit im Traum die Leiter, die von der Erde in den Himmel reicht, und auf welcher die Engel auf- und niedersteigen. Plötzlich erscheint auf ihrer Höhe der Herr, und erneuert mit ihm den Bund, den Er einst mit Abraham geschlossen (Gen 28). Der Bericht zeigt, wie tief Jakob im heiligen Geschehen steht... Dann wandert er weiter und gelangt nach Haran zu seinem Oheim. Wir hören, wie er dessen Tochter Rachel liebgewinnt und um sie dient; sieben Jahre und, da ihr Vater sein Wort nicht hält, noch einmal sieben. Der ganze Mann zeigt sich in dieser zähen Treue – freilich auch in der List, mit welcher er Laban heimzahlt (Gen 29; 30, 35–43).

Im Laufe der Jahre entsteht Mißtrauen, und er macht sich auf, mitsamt seiner Habe zurückzukehren. Wie er sich der Heimat nähert, sendet er Boten an seinen Bruder Esau, um ihm seine Ankunft zu melden. Dieser zieht ihm mit großer Schar entgegen, und Jakob hat Sorge, wie die Begegnung ausfallen werde; so teilt er seinen Zug mitsamt den Herden, „damit, wenn der Bruder den einen Teil schlägt, der andere entrinnen könne" (Gen 32, 8). Dann heißt es weiter: „So ging ihm das Geschenk (32 neue Boten mit Ehrengaben) voraus; er selber nächtigte in jener Nacht zu Machanaim. In derselben Nacht stand er auf, nahm seine beiden Weiber, seine beiden Mägde und seine elf Kinder und führte sie über die Jabbokfurt. Er nahm sie und führte sie über den Fluß und brachte alles, was er hatte, hinüber. Jakob blieb allein zurück; da rang mit ihm ein Mann bis zum Anbruch der Morgenröte. Und als er sah, daß er ihn nicht überwinden würde, rührte er an seine Hüftpfanne, und Jakobs Hüftpfanne ward verrenkt. Dann sprach er: Laß mich. Die Morgenröte bricht an. Er sprach: Ich lasse dich nicht, bevor du mich segnest! Er sprach zu ihm: Wie heißest du? Er sprach: Jakob. Da sprach er: Fortan sollst du nicht Jakob heißen, sondern Israel. Du hast mit Gott gekämpft, und so trägst du den Sieg davon auch über Menschen. Da bat Jakob und sprach: Tu auch deinen Namen kund! Er sprach: Warum doch fragst du mich nach meinem Namen? Und er segnete ihn dort. Jakob nannte den Ort Peniel („Gottes-Antlitz"). Ich habe Gott geschaut von Angesicht zu Angesicht und kam mit dem Leben davon. Die Sonne strahlte ihm auf, als er an Peniel vorüberzog; er aber hinkte an seiner Hüfte" (Gen 32, 22–32).

Derselbe Mann, der einen Augenblick vorher sich vor seinem Bruder gefürchtet hat, ist nun so seltsam unerschrocken und bleibt allein in der Nacht zurück. Irgend etwas hat ihn angerührt, und er weiß, er muß standhalten. Er allein. Niemand kann ihm dabei helfen. Es muß wohl furchtbar gewesen sein; und ein anderer Mut gehörte dazu, als bloß kriegerische Tapferkeit. Esau wäre geflohen; Jakob hält stand. „Da rang mit ihm ein Mann." Nicht: da kam einer, und griff ihn an. Viel schroffer ist der Ansprung; aus dem Geheimnis heraus. Plötzlich ist er im Kampf. Und der Kampf dauert „bis zum Anbruch der Morgenröte". Der geheimnisvolle Gegner kann ihn nicht überwinden – ja er kann von dem Menschen, mit dem er sich eingelassen, nicht einmal los, und dieser stellt ihm die Bedingung: „Ich lasse dich nicht, du segnest mich denn!“ So aber ist der Segen beschaffen: „Er sprach zu ihm: Wie heißest du? Er sprach: Jakob. Da sprach er: Fortan sollst du nicht Jakob heißen, sondern Israel. Du hast mit Gott gekämpft, und so trägst du den Sieg davon auch über Menschen.“ Der Name drückt Wesen aus. Eine gewaltige Erprobung muß Jakob bestanden haben, so wird ihm ein neuer Name gegeben. Ein neues göttliches Geschehen hebt mit ihm an.

Wie der Bericht von dem Geheimnisvollen spricht, der nächtens den Wartenden anfällt, sagt er: „Ein Mann rang mit ihm.“ Es ist ein Engel; die Engel der Schrift aber sind Männer. Sie sind Geistwesen; ohne Leib und sinnlich erfaßbare Gestalt. Wenn sie sich aber in einer Gestalt ausdrücken, dann in der des Mannes. Sie offenbart das Mächtige, Kämpferische, Geistesgewaltige der Engel. Zugleich

auch, daß sie dem Bereich des göttlichen Geschichtswaltens angehören. Nicht der privaten Innigkeit, sondern dem heilig-öffentlichen Geschehen: Die Engel sind Diener jenes Handelns, durch das Gott Sein Reich heraufführt.
Der, von dem die Jakobsgeschichte berichtet, ist der „Engel des Herrn". Schwer zu sagen, was er ist. Kein Engel unter den anderen. Es gibt viele Engel Gottes. Es gibt die Heerscharen des himmlischen Königs; die Jakobsgeschichte selbst nennt sie (Gen 32, 1–2). Der „Engel des Herrn" im besonderen Sinne dieses Wortes aber ist nur einer. Man kann nicht sagen, ob er Gott selbst ist oder Geschöpf. Nachdem er den neuen Namen empfangen, fragt Jakob den Geheimnisvollen: „Tu auch deinen Namen kund!" Der antwortet „Warum doch fragst du mich nach meinem Namen?" Er verweigert also die Nennung. Man könnte denken, hierin offenbare sich die Hoheit des Himmlischen, denn seinen

Namen zu nennen, heiße, sich in die Macht des anderen zu geben. Doch hier ist mehr. Der Name, der genannt werden müßte, ist der Gottes, und um ihn soll die Hülle des Schweigens bleiben. Daß es aber wirklich Gott ist, zeigt sich in dem, was folgt: Der Geheimnisvolle spricht: „Du hast mit Gott gekämpft, und so trägst du den Sieg davon auch über Menschen." Und Jakob, zu sich kommend aus der tödlichen Anspannung der Stunde, sagt erschauernd: „Ich habe Gott geschaut von Angesicht zu Angesicht und kam mit dem Leben davon." Eigentlich kann das nicht sein. Wer Gott von Angesicht zu Angesicht schaut, muß sterben.

Der Engel des Herrn ist Gott und Engelwesen zugleich. Manche meinen, er sei eine Vorausgestaltung des Erlösers. Vielleicht darf man sagen, er sei Gott, so wie er sich in die Geschichte einläßt. Ein geheimnisvoller Widerspruch zeigt sich in ihm. Jakob ringt mit dem „Manne".

Der kann ihn nicht überwinden; nicht einmal sich von ihm lösen. Jakob ist stärker. Es genügt aber, daß der Mann ihn berühre, und er ist gelähmt. Das bedeutet nicht etwa die Überlegenheit eines Menschen, der magische Macht hat; nichts davon liegt im Sinn der Erzählung. Hier zeigt sich vielmehr eine „Schwäche" Gottes. Er ist schwach im Raum der Geschichte, denn er hat gewollt, daß der Mensch frei sei. Wenn der Mensch sich selbst in die Hand nehmen und verantwortlich sein sollte – deshalb, weil nur so in der Freiheit des Geschöpfs eine letzte Herrlichkeit Gottes aufstrahlen kann –, dann mußte Gott zugleich an Sich halten; denn wäre Seine Macht ausgeflutet, dann hätte sie jede Freiheit erstickt. Wenn Freiheit und Geschichte sein sollte, dann mußte Gott es auf Sich nehmen, in ihrem Bereiche und solange die Prüfung dauern würde, geheimnisvoll schwach zu sein. Würde diese einst vorüber sein, die Zeit erloschen und die Ewigkeit da; würde alles in der reinen Offenheit des ewigen Lebens stehen, dann würde Er aufs neue herrschen, in der Allmacht der Gerechtigkeit, wenn das Gute ganz gut geworden, und das Böse ganz böse, selig jenes und dieses verloren... Diese Schwäche hat sich ganz erfüllt, als Gott Mensch wurde und die Menschen mit Ihm tun konnten, was sie getan haben...

So ist der Engel des Herrn schwächer als Jakob. Die ganze Größe dieses Menschen strahlt auf. Seine Kraft im Geiste muß unerhört gewesen sein; und Gott selbst hat das bestätigt, denn der Engel sagt: „Du hast mit Gott gekämpft und trägst den Sieg davon auch über Menschen." Damit aber deutlich werde, daß er doch der Herr ist, tut er eine leise Berührung, und Jakob erlahmt.

Im Raum der Schrift ist Gott der Handelnde. Nicht der Absolute, der Weltgrund, die Sinntiefe, das Über-Eine, sondern der, der Geschichte führt. In diesem Raum erscheint der Engel. Er offenbart

Gott als jenen, der Sich anschickt, die heilige Geschichte aus ihren Anfängen herauszuheben. Er scheint ein endliches Wesen, wie andere auch. Es ist möglich, ihm zu widerstehen, ja ihn zu überwinden. Er ist „ein Mann“, der hertritt, und mit dem Gerufenen ringt. Aber nur einen Augenblick später, und er wandelt sein Gesicht, und ist Gott selbst, und nun wird keiner es wagen, ihn mit anderen Gestalten zusammenzunehmen.

II. Die Engel der Kinder
(Mt 18, 1–6. 10)

Wir haben gestern vom Engel gesprochen, wie er in der heiligen Geschichte steht: der gesendet wird, Botschaft und Auftrag zu bringen; der am Gerichteten die Strafe vollzieht, oder den Auserwählten in Schutz nimmt. Die Offenbarung ist nicht einfach ein Teil des alldurchwaltenden Gotteswirkens, sondern Stiftung, Führung, Kampf und Werk – im Zuge dieses göttlichen Handelns steht der Engel. Und zwar haben wir von jenem geheimnisvollen Wesen gesprochen, dessen Erscheinung einen so schwebenden Eindruck macht; das einen Augenblick lang als Geschöpf erscheint gleich uns, im nächsten Augenblick aber redet, wie nur Gott reden kann: dem Engel des Herrn. Von ihm gibt es keine Mehrzahl; er ist nur einer. Nun aber haben wir von den eigentlichen Engeln zu sprechen, die reine Geschöpfe sind wie wir, und an vielen Stellen des heiligen Geschehens erscheinen.

Und zwar wollen wir sie im Neuen Testament aufsuchen; in den Worten Jesu. Im achtzehnten Kapitel seines Evangeliums erzählt Matthäus, wie der Herr über das Kind und seine Würde spricht: „In jener Stunde traten die Jünger zu Jesus und sagten: Wer ist wohl der Größte im Reich der Himmel? Und Er rief ein Kind herbei, stellte es mitten unter sie und sprach: „Wahrlich, Ich sage euch, so ihr nicht umkehrt und werdet wie die Kinder, werdet ihr nimmermehr in das Reich der Himmel eingehen; wer sich also erniedrigt wie dieses Kind, der ist der Größte im Himmel. Und wer ein solches Kind aufnimmt auf Meinen Namen, der nimmt Mich auf. Wer aber einem dieser Kleinen, die an Mich glauben, Ärgernis gibt, dem wäre besser, man hinge ihm einen Mühlstein um den Hals und würfe ihn ins tiefe Meer... Hütet euch, daß ihr nicht eines von diesen Kleinen gering schätzt, denn Ich sage euch, ihre Engel in den Himmeln sehen allzeit das Antlitz Meines Vaters in den Himmeln!"

Die Jünger stellen ihre Frage, die uns – siehe auch Mk 9, 33–34 und Lk 9, 46 – einen Blick in die Menschlichkeit des Kreises um Jesus tun läßt, und zeigt, wie wenig sie verstanden haben, was eigentlich das von ihrem Meister verkündete Reich Gottes bedeutet. Da holt der Herr ein Kind in ihre Mitte und sagt: Wenn ihr euch nicht bekehrt; wenn ihr nicht ganz anders werdet, als ihr seid, kommt ihr überhaupt nicht ins Himmelreich hinein, geschweige denn, daß ihr darin einen

Rang hättet... Auf die Frage, so wie sie gestellt war, wird also gar nicht geantwortet. Die Antwort aber, die gegeben wird: „wer sich erniedrigt", klein macht, „wie dieses Kind, der ist der Größte im Himmel" – hat sie wahrscheinlich mehr verstört als aufgeklärt. Für sie geht es noch gar nicht um den Rang im Reiche, sondern darum, ihm überhaupt zuzugehören, und so wie sie sind, gehören sie nicht zu ihm. Wie muß aber der sein, der dem Reiche zugehören will? Wie das Kind da. Sicher meint Jesus nichts Sentimentales; keine angebliche kindliche Unschuld, sondern das, was das Kind vom Erwachsenen unterscheidet. Es ist offen, vertrauend und geradezu, weil es von den Tücken des Lebens noch nichts weiß, und die Hinterhalte in ihm selbst sich noch nicht aufgetan haben. So wie es ist; fähig, zu sehen; bereit, sich anzuvertrauen; ohne Absichten und Hintergedanken – so sollen auch sie sein.

Dann wendet Er Sich dem Kinde selber

zu. „Wer ein solches Kind aufnimmt auf Meinen Namen, der nimmt Mich auf." Was ihm getan wird, wird dem Herrn selbst getan. Wer aber „dem Kinde Ärgernis gibt", seine Wehrlosigkeit und sein Vertrauen mißbraucht, es in seiner Sicherheit, die zu Gott führen soll, irremacht, „dem wäre es besser, man hinge ihm einen Mühlstein um den Hals, und würfe ihn ins tiefe Meer", wie ein böses Tier, bevor es seine Absicht ausführen kann. Darauf folgt der Vers: „Seht zu, daß ihr nicht eines von diesen Kleinen geringschätzet, denn Ich sage euch, ihre Engel in den Himmeln sehen allezeit das Antlitz Meines Vaters in den Himmeln." Wenn du mit einer zerstörenden Absicht auf das Kind zugehst, wisse, du triffst nicht nur auf ein hilfloses Geschöpf, sondern hinter ihm steht der Engel und schützt es. Auf die Frage aber, woran die Macht des Engels bestehe, lautet die Antwort: „Er sieht allezeit das Antlitz des Vaters." Der Engel ist „im Himmel", in der Offenheit Gottes, und Gottes Heiligkeit ist um ihn. Was du also dem Kinde tust, trifft dahinein. Wehe dir, wenn du ihm zu nahe trittst. Der Engel schweigt. Scheinbar geschieht nichts. Dein Haus brennt deshalb nicht ab; dein Geschäft geht nicht schlechter; dein Wagen verunglückt nicht. Aber alles ist in der rächenden Allwissenheit Gottes aufgehoben, und einmal wirst du innewerden, was für einen Gegner du dir geschaffen hast, als du den Engel des Kindes gegen dich aufriefst.

Wo steht dieser Engel?

Nicht etwa nur in der Lebenssphäre des Kindes; in der Tiefe seines Gemütes. Er ist „im Himmel" und zugleich in der Welt. Er steht am Rande der Welt. Der Rand der Welt läuft überall. Er bedeutet die Tatsache, daß die Welt geschaffen, und überall, an ihrer anderen Seite, Gott ist. An diesem Rande, im Menschen, im Kinde, steht der Engel und hütet dessen Seele.

Unser Text ist – mit seinen Parallelstellen – vielleicht der einzige im Neuen Testament, an welchen das Bewußtsein von den Schutzengeln anknüpfen kann. Dazu kommen dann die Worte im Alten Testament über den Engel des Herrn, über Gottes Boten, über den Engel des Tobias, über die himmlischen Helfer in den Makkabäerkämpfen usw. Seinen eigentlichen Halt aber hat das christliche Wissen um den Schutzengel in diesen Herrenworten. Sie sagen, die Seele des Kindes, zart und kostbar vor Gott, werde durch den Engel behütet. Das bedeutet nicht, daß er es vor Unglück und Leid bewahre. Mit jener himmlischen Aufsichtsperson, zu der ihn die Sentimentalität gemacht hat, hat er gewiß nichts zu schaffen. Er soll das Kind durch wirkliches Leben geleiten; auf dem durch Gottes Ratschluß gewiesenen Wege, der immer auch durch Leid und Tod führt. Nicht davor zu bewahren ist seine Aufgabe, sondern sein ewiges Heil zu hüten.

An diese Worte knüpft das Bewußtsein der Kirche an, nicht nur das Kind habe den schützenden Engel, sondern auch jeder Mensch. Jeder Mensch ist wehrlos, auch der erwachsene, starke, kluge. Der Mensch ist in keiner guten Hand beim Menschen – nicht bei den anderen, aber auch nicht bei sich selber. So ist das Heil der Menschen preisgegeben, und es gehört zum Urwissen, daß sie des Schützers und Führers bedürfen. Nicht nur Kinder und Schwache; auch jene, die sich als Starke fühlen, und sie vielleicht am meisten. So sagt die Kirche: Du bist nicht allein. Dein Selbst ist in der Hand von einem, der dich sieht und Gott sieht, der Gottes Angesicht sieht, und in Seinem Lichte dich.

Das ist es, was wir vom Schutzengel hören, und es wäre wohl gut, manchmal an ihn zu denken und sich seiner mächtigen Liebe anzubefehlen. Gut auch, sich zuweilen an die Engel derer zu wenden, die uns teuer sind. Eine Mutter könnte wohl mit den Engeln ihrer Kinder Umgang haben. Das wäre tief biblisch. In der Schrift ist auch vom Engel eines Landes die Rede; so konnte man ihm wohl Volk und Heimat empfehlen, dem heiligen Mächtigen, den Gott ihr zum Hüter gesetzt hat... Gottes Schöpfung ist groß; sie besteht nicht nur aus dem bißchen Erde. Unermeßlich ist die Welt; voll von einem Leben, über das wir aus uns nichts wissen. Hier erfahren wir von ihm; soviel als uns angeht. Wir dürfen jenes unbekannten Lebens wohl froh sein. Und wenn uns gesagt wird, daß mächtige Wesen sich um uns kümmern; daß sie nicht wie Olympier droben im Lichte wandeln, gleichgültig auf uns geplagte Menschen herabschauend, sondern uns in liebender Sorge zugewendet sind, dann ist das trostvoll und schön. Wir wollen die Lehre von den Engeln nicht den Sentimentalen und Ästheten überlassen. Sie ist dem Glaubenden gegeben, und er soll sie zum Leben brauchen.

III. Die Engel am Throne Gottes (Apk 4, 6–11)

Unsere erste Betrachtung hat von den Engeln gesprochen, wie sie dem Geschichtswalten Gottes dienen. Dann sind wir in den verborgenen Raum der erlösten Persönlichkeit gegangen: auch da steht der Engel und wahrt ihr Heil. Nun betreten wir nochmals einen anderen Raum: den der Ewigkeit, des Himmels. „Himmel" ist hier im genauen Sinn des Wortes gemeint: als Vorbehaltenheit Gottes, in die niemand kommt, den Gott nicht durch Seine Gnade aufnimmt. Auch dort sind Engel und verrichten einen heiligen Dienst.

Im vierten Kapitel der Geheimen Offenbarung heißt es: „Und rings um den Thron vierundzwanzig Throne, und auf den Thronen vierundzwanzig Älteste sitzend, angetan mit weißen Gewändern, und auf ihren Häuptern goldene Kränze. Und von dem Throne gingen aus Blitz und Schall und Donner, und sieben Feuerfackeln brannten vor dem Throne, das sind die sieben Geister Gottes. Und vor dem Throne und rings um den Thron war es wie ein gläsernes Meer, gleich Kristall. Und mitten vor dem Throne und rings um den Thron vier Tiere, überdeckt mit Augen vorn und hinten. Und das erste Tier glich einem Löwen, und das zweite einem Stier, und das dritte hatte ein Angesicht wie ein Mensch, und das vierte glich einem fliegenden Adler. Und die vier Tiere haben jedes sechs Flügel, und sind überdeckt nach außen und nach innen mit Augen und sprechen ohne

Ausruhen Tag und Nacht: Heilig, heilig, heilig der Herr Gott, der Allherrscher, der da war und der da ist und der da kommt! Und wenn die Tiere bringen Preis und Ehre und Dank dem, der da sitzt auf dem Throne, der da lebt in alle Ewigkeit, so fallen die vierundzwanzig Ältesten nieder vor dem, der da sitzt auf dem Thron, und beugen sich vor dem, der in alle Ewigkeit lebt, und legen ihre Kränze nieder vor dem Throne und sprechen: Würdig bist Du, Herr, unser Gott, zu nehmen Preis und Ehre und Gewalt; denn Du hast alle Dinge geschaffen, und durch Deinen Willen waren sie und wurden geschaffen" (6–11).

Dieses Ganze erscheint in der Vision. Es ist wichtig, das im Bewußtsein zu halten, denn nur so treten Bild und Geschehnis richtig vor die Augen. Der Seher sieht „eine Tür im Himmel offen". Im Vorbehaltenen Gottes hat sich eine Grenze aufgetan, und ihm wird gestattet, hindurchzugehen. Dann wird er gerufen und im Heiligen Geiste hinauf entrückt. In dem neuen Raume sieht er einen Thron. Ausdruck von Gottes Majestät. Der auf dem Throne sitzt, wird nicht genau beschrieben: „Einer", von unaussagbarer Gestalt. Gott in Seiner Herrlichkeit; durch ein Übermaß der Kostbarkeit ausgedrückt. Unendlicher Edelsteinglanz ist auf dem Thron und um ihn her. Die Gestalt geht unter in dem Glanz.

Um den Thron stehen vierundzwanzig andere Throne. Auf ihnen sitzen ehrwürdige Gestalten, die Ältesten. Selbst thronend in Macht; aber das Mächtige dem huldigend, der „auf dem Throne" einfachhin sitzt. Greise mit weißen Gewändern und goldenen Kränzen angetan. Weiß und gold, Farben heiliger Feierlichkeit.

Vom Throne gehen Erweise göttlicher Macht aus: Blitze und Donner und Dröhnen. Vor dem Thron aber liegt es wie „ein Meer aus Glas, ähnlich wie Kristall". In der Mitte vor dem Thron und um ihn her vier lebendige Wesen – vier „Tiere“ wird das Wort oft übersetzt. Wir fühlen das Undeutliche, Geheimnisvolle des Ausdrucks. Von ihnen wird etwas gesagt, was wir nicht zu vollziehen vermögen, solange wir mit unseren unmittelbaren Vorstellungen denken: Sie sind „überdeckt mit Augen nach außen und nach innen“. Solange wir sagen: Da ist eine Gestalt; auf ihr, an dieser Stelle ein Auge; daneben noch eins, und so fort, geht alles ins Groteske. Der da schaut, ist vielmehr „im Geiste“, verzückt in einem Zustande, worin die Dichte der Erscheinungen aufgelöst, durch ein mächtiges Leben ergriffen und ins Fließen gebracht ist. Es ist etwa wie im Traum, worin wir auch logisch Unvollziehbares schauen, aber ganz überzeugt sind, weil eine lebendige Macht waltet, mit der wir uns im Einvernehmen fühlen. So ruft hier der Heilige Geist Gestalten auf, nimmt ihre Formen in Besitz, bringt sie in Bewegung, mischt sie, häuft sie zu Ungeheuerlichkeiten, um

Unerhörtes auszudrücken – der Seher aber versteht, weil der gleiche Geist in ihm waltet, und, was Er mit den Gestalten wirkt, auch mit dem Auge dessen tut, der sie schaut.

Von diesen Wesen wird gesagt, sie glichen einem Löwen, einem Stier, einem Menschen und einem fliegenden Adler. Von ihnen wird nicht gesagt, sie seien das und das, sondern nur „wie". Ihre Formen sind nicht zum Stehen zu bringen, sondern sie fließen. Sie so darzustellen, wie die Kunst es zuweilen tut, bedeutet eine Festlegung, ja eigentlich eine Verfälschung. Sie sind Ungeheuerlichkeiten, aber aus Überfülle des Sinnes. Ihre Bilder gehen ineinander über: Menschen- und Adlergestalt zugleich, Mensch und Löwe, Mensch und Stier.

Die Wesen sind Engel, Seraphim. Die Vision des Propheten Ezechiel spielt herein:

„Ich schaute: Ein Sturmwind kam von Norden und eine große Wolke und ein

Feuerwirbel, um diesen ringsumher ein Glanz und mittendrin wie Silbergold, ja mitten in dem Feuer. Und mittendrin sah man so etwas wie vier lebendige Gestalten; ihr Aussehen hatte Ähnlichkeit mit Menschen. Ein jedes hatte vier Gesichter, vier Flügel jedes. Und ihre Füße standen senkrecht da; gerundet waren ihre Fußsohlen und funkelten wie glänzend Erz. Sie hatten Menschenhände unter ihren Flügeln an den vier Seiten: vier Flügel hatten sie, wie vier Gesichter. Die Flügel stießen aneinander; sie selber aber drehten sich nicht um bei ihrem Fortbewegen; ein jedes ging gerade vor sich hin. Ihr Antlitz sah dem Menschenantlitz ähnlich, zur Rechten dieser viere, dem des Löwen, zur Linken dieser viere dem des Stieres, und dem des Adlers. Das war das Antlitz dieser vier. Darüber waren ihre Flügel ausgebreitet: zwei Paare hatte jedes; das eine Paar stieß an das andere und dies bedeckte ihren Körper. Ein jedes ging gerade vor sich hin. Wohin zu gehen der Geist sie trieb, dahin auch gingen sie. Sie drehten sich nicht um im Gehen. Und diese Lebewesen sahen aus wie Feuerkohlen, die wie die Fackeln flammten. Das Feuer flammte zwischen diesen Wesen hin und her; es hatte aber einen hellen Glanz, und aus dem Feuer fuhren Blitze aus. Und diese Wesen liefen hin und her, wie Wetterleuchten" (1, 4–14).

Hier ist die Gestalt der „Wesen" noch weniger vorzustellen; ganz Macht und Glut und Lichtherrlichkeit. Auch die Berufungsvision des Propheten Isaias wirkt herein:

„Im Todesjahr des Königs Ozias, da habe ich den Herrn geschaut, auf hohem und erhabenem Throne thronend; Sein Schleppgewand erfüllte ganz das Heiligtum. Seraphe standen um Ihn her; sechs Schwingen hatte jeder. Mit zweien deckte er sein Angesicht, mit zweien seine Füße; mit zweien schwebte er. Und einer rief dem andern zu und sprach: Der Heilige, der Heilige, der Heilige, der Herr der

Heerscharen! Sein Ruhm der ganzen Erde Fülle! Da zitterten sogar die Schwellenlager von diesem lauten Rufen; das Haus ward voller Rauch. Da sprach ich: Wehe mir! Ich bin verloren. Ich bin ein Mann unreiner Lippen und lebe auch inmitten eines Volkes unreiner Lippen. Und dennoch schaue ich den König selbst mit meinen Augen, den Herrn der Heerscharen. Da flog zu mir her einer der Seraphe mit einem Glühstein in der Hand, den er mit einer Zange vom Altare nahm. Damit berührte er meinen Mund und sprach: So dies an deine Lippen rührt, hinweg ist deine Missetat, und deine Sünde ist gesühnt" (6, 1–7).

Was der Seher von den „Wesen" sagt, kommt nicht so zustande, daß er etwa Zug an Zug fügt, oder Gedanken an Gedanken reiht. Er schaut vielmehr etwas Ursprüngliches. Die Existenz der Engel, ungeheuer an Sein und Macht, drückt sich in einem Übermaß an Formen aus, die aber im Erleben des Sehers

vollkommen überzeugen und ein Ganzes bilden. Die Wesen haben Flügel. Sie fliegen: haben Bezug zum All; Kraft, Räume zu durchmessen und Höhen zu erreichen; Macht, in die Unergründlichkeit einzudringen. Sie sind voll Augen: ganz schauend, ganz Sehkraft, schauend mit ihrem ganzen Wesen. Und ihr Schauen tönt aus in einem beständigen, ewigen Ruf: sie sind ganz Stimme. Immerfort tönt der Ruf: „Heilig, heilig, heilig der Herr, Gott, der Allherrscher, der da war und der da ist und der da kommt!" Er füllt die Ewigkeit. Er ist der Akt des Geschaffenen schlechthin, in welchem das Geschöpf als das existiert, was es ist und sein soll, die Anbetung. Sie ist hier gleichsam Wesen geworden. Hier sind Geschöpfe, die nichts sind als Anbetung, nichts können als Anbetung – doch damit können sie das eine und das alles.
Während aber der Vorgang in den Visionen des Isaias und des Ezechiel in unzugänglicher Einsamkeit steht, kommt hier

etwas Neues hinzu. Es erscheinen die vierundzwanzig Ältesten auf ihren Thronen. Die Zahl zwölf ist die Zahl des Universums, der erlösten Menschheit und der Kirche. Hier wird sie verstärkt: zweimal zwölf. Die das Zwölf-Gesamt darstellen, sind Greise. Nicht das jugendliche Leben ist maßgebend vor Gott, sondern das vollendete... Was tun nun die Engel in dieser Versammlung der Zweimal-Zwölf, worin Menschheit, Welt, Kirche anwesend sind? Welcher Art ist ihr Tun? Es ist Liturgie.

In welcher Weise könnte dem Seher Anbetung offenbart werden? Indem ihm gezeigt würde, wie die Schöpfung im alles überwältigenden Erlebnis der Größe Gottes unterginge; wie dieses Erleben in der ganzen Art ihres Seins atmete. Da wäre kein Wort, keine Handlung, kein Ritus und kein Amt. Das Sein selbst stünde in der Anbetung. Das wäre möglich, in der Vision der Apokalypse ist es aber anders. Da sind vier bestimmte Wesen – vier, so

viele, als es Weltrichtungen gibt, so daß sie für das All stehen. Die vier befinden sich nicht irgendwo, sondern um den Thron; an genauem Orte und in nennbaren Ordnungen. Sie rufen bestimmte Worte: den Lobpreis, die Doxologie. Die Anbetung vollzieht sich also in der Ordnung des Raumes, der Personen, der Worte und Handlungen. Ebendas ist Liturgie. Sie erscheint hier als ewiges Tun der Engel; das besagt, daß sie wesentlicherweise kein Mittel zur Erbauung und Erziehung der Menschen ist, sondern ihren Sinn in sich selbst trägt: gestaltgewordene Anbetung zu sein. Und daß sie nicht in den Raum des Irdisch-Vergänglichen eingeschlossen ist, sondern in den himmlischen Raum reicht.
Die diesen heiligen Dienst führen, sind die Engel. „Und wenn die Tiere bringen Preis und Ehre und Dank dem, der da sitzt auf dem Throne, der da lebt in alle Ewigkeit, so fallen die vierundzwanzig Ältesten nieder vor dem, der da sitzt auf

dem Thron und beugen sich vor dem, der in alle Ewigkeit lebt, und legen ihre Kränze nieder vor dem Throne und sprechen: Würdig bist Du, Herr, unser Gott, zu nehmen Preis und Ehre und Gewalt...“ Reine liturgische Form also, aber ganz ins Ewige aufgenommen. Die irdische Liturgie steht in der Zeit – hier wird durch die endlose Wiederholung das Zeitlich-Vorübergehende ins „währende Nun“ der Ewigkeit getragen. Ja, es ist nicht nur einfach Wiederholung, denn was da gesagt wird, übersteigt jede Vorstellbarkeit. Es kann nur durch Einfühlung in die Vision geahnt werden. Immerfort rufen die Seraphim – sooft sie aber rufen, werfen die Ältesten sie auf ihr Angesicht und sprechen ihr Lob. Was geschieht, ist ein ewiger, unnennbarer Akt; aber so geartet, daß er nur in liturgischer Form ausgedrückt werden kann. Diese bedeutet keine Allegorie, Johannes weiß, was er will. Er will etwas ganz Genaues sagen: daß der höchste Akt des Geschöpfes vor

Gott liturgischer Vollzug ist. Kein bloßes Schauen und Lieben; kein einfaches Stehen in reiner Gegenwart; kein Versinken im Form- und Weiselosen, sondern geordneter Dienst; Rang, Amt, Wort und Handlung, Geist und Leib, Person und Symbol. Diesen Dienst aber führen die Engel.

Der Engel des Menschen

Liebe Freunde, wir begehen heute das Fest der Schutzengel – von der Weise her, wie Jesus spricht (Mt 18, 10), sagen wir besser und eindringlicher: der Engel der Menschen. So wollen wir in dieser Betrachtung zu verstehen suchen, was das Fest uns kund tun will. Zuerst müssen wir uns freilich etwas anderes zu Bewußtsein bringen: daß der heutige Mensch, auch der gläubige, zu seinem Engel keine Beziehung mehr hat. Ja daß die Lehre von den Engeln überhaupt ihm nicht mehr viel sagt. Daran ändert auch die Tatsache nichts, daß sie in der Dichtung und in der Kunst wieder stärker hervortreten. Das hat aber einen rein ästhetischen Charakter. Um das zu sehen, braucht man nur an seine Entsprechung auf tieferer Ebene zu denken, nämlich an das sentimentale Wesen, nein an den Unfug und die Entehrung, welche die Weihnachtsindustrie mit der Engelgestalt treibt. An alledem tragen Verkündigung und Deutung des Glaubens selbst viel Schuld, denn welche Gestalt aus der heiligen Welt ist darin wohl tiefer verdorben worden als die der Engel? Von daher kann man gut verstehen, daß einer, der es mit dem Glauben ernst meint und in Rede wie Bild saubere Haltung verlangt, von den Sentimentalitäten nichts mehr wissen will.

Aber so sind ja die Engel nicht! Nach allen Worten der Offenbarung sind sie gewaltige und herrliche Wesen, die das Herz erschüttern und Gottes Nähe zu Bewußtsein bringen. So oft in den Berichten der Schrift ein Engel erscheint, lauten seine ersten Worte: „Fürchte dich nicht!“ Das heißt aber, daß er zum Fürchten ist, und selbst die Kraft geben muß, seine Gegenwart zu ertragen.

Die Engel haben im Zusammenhang der heiligen Geschichte eine große Bedeutung. Wir können hier nicht ins Genauere gehen; es würde eine eigene Betrachtung fordern. Bleiben wir also beim Mittelpunkt dieser Geschichte, dem Leben Jesu Christi.

Schon in der ersten Kundwerdung, Gottes Sohn solle Mensch werden, erscheint der Engel. Er ist es, der Maria die Botschaft bringt – ebenso wie er, Gabriel, es ist, der die Geburt des Vorläufers ankündigt (Lk 1, 26–38. 11–20).

Wieder erscheinen die Engel in der Nacht, da Jesus geboren wird. Sie bringen den Hirten die Kunde und singen Gottes Lob (Lk 2, 8–14)... Ein Engel gibt Joseph im Traum die Weisung, es vor Herodes nach Ägypten zu retten und dann, wie die Gefahr vorüber ist, es wieder zurückzubringen (Mt 2, 13. 19–20)... Nachdem Jesus in der Einsamkeit der Wüste vierzig Tage fastend beim Vater gewesen und nachher in der Macht des Geistes den Versucher abgewiesen hat, heißt es: „Engel kamen und dienten Ihm“ (Mt 4, 11)... Wieder kommen Engel und „dienen Ihm“ nach der furchtbaren Nachtstunde auf dem Ölberg, in welcher Er den Willen des Vaters bis in die innerste Tiefe annimmt (Lk 22, 43)... Wir sehen sie am Morgen der Auferstehung heiligen Dienst am Grabe tun (Mt 28, 2–7)... Und abermals nach den geheimniserfüllten vierzig Tagen, während derer Er immer wieder den Jüngern erschienen ist und ihnen vom Reiche Gottes Kunde gegeben hat: in der Stunde der Heimkehr zum Vater (Apg 1, 10–11).

Sie sehen, wie eng die Engel in den Zusammenhang der heiligen Geschichte gehören. Man kann sie nicht herauslassen, ohne diesen Zusammenhang zu verletzen.

Auf die Frage aber, was sie bedeuten, ließe sich manches antworten. Das Entscheidende hat Jesus an heiligster Stelle gesagt, nämlich in dem Gebet, das Er die Seinen gelehrt hat. In dessen dritter Bitte sollen wir Gott angehen, Sein Wille möge auf Erden so erfüllt werden, wie es im Himmel geschehe. Die das aber tun, sind die Engel. Sie, von denen gesagt ist, daß sie „allezeit das Angesicht des Vaters schauen, der im Himmel“ ist (Mt 18, 10), verstehen mit liebendem Blick die Meinung des Vorsehenden, und vollbringen in reiner Bereitschaft, mit einer Herrlichkeit von Kraft und Genauigkeit Seinen Willen.

Was dieses Tun in der Enthobenheit des Himmels bedeutet, soll hier nicht weiter bedacht werden; jedenfalls sind sie im geheimen Gewebe der Heilsgeschichte am Werk, und haben so, obwohl selbst der Erlösung nicht bedürftig, an ihr Anteil.

Und nun sagt uns die Kirche, unter ihnen gebe es solche, denen Gott einen besonderen Dienst im Leben des einzelnen

Menschen zugewiesen hat. Man nennt sie die Schutzengel; wir wollen sie, wie gesagt, die Engel der Menschen nennen. Worin besteht aber ihr Dienst? Was schützt der Engel in dem Menschen, mit dem ihn Gott verbunden hat? Wenn wir darüber ernsthaft nachdenken wollen, müssen wir all die rührseligen Bilder wegtun, die ihnen zeigen, wie er auf einem Steg ein Kind vor dem Hinunterfallen bewahrt, oder eine Schlange abwehrt, die es anzüngelt. Wir müssen in den Kern des menschlichen Daseins gehen: den Bestand und die Unversehrtheit seiner Person. –

Bei vielen Völkern findet sich eine eigentümliche Gestalt, die uns die Richtung andeuten kann, in welcher sich unsere Gedanken bewegen müssen: der Schutzgeist oder Folgegeist. Von ihm wird gesagt, jedem Menschen sei ein Wesen zugeordnet, das irgendwie seine Eigenschaften in sich trägt; das sogar in gewisser Weise er selbst ist, er noch einmal; das aber in der Form geheimnishafter Mächtigkeit. Der Mensch selbst sieht den Folgegeist nicht, denn er geht ihm immer nach, ist „hinter“ ihm, im Unzugänglichen. Doch sind ihm Bestand und Gedeihen in diesem Wesen gewährleistet. Einmal aber kommt es herum und tritt ihm entgegen: das bedeutet den Tod.

Eine Sage, gewiß; aber in ihr redet eine tiefe Ahnung. Diese erfüllt sich in der Offenbarung vom Engel, den Gott dem Menschen zum Freund und Schützer in sein Leben mitgibt.

Ein Hinweis auf ihn liegt wohl schon im neunzigsten Psalm, wo es im elften und zwölften Vers heißt:

„Er entbietet für dich Seine Engel,
daß sie dich schützen auf all deinen Wegen.

Sie tragen dich auf ihren Händen,
damit sich dein Fuß an keinem Steine stoße.“

Wir denken dabei an den Orientalen, der mit Sandalen oder gar bloßen Fußes über steinige Wege geht. Das Wort ist um so bedeutungsvoller, als es im Leben Jesu wiederkehrt; im Bericht von der Versuchung in der Wüste, wo Satan mit dem Hinweis auf diesen Schutz Jesus zum frevelhaften Wagnis seiner selbst zu verführen sucht (Mt 4,6). So spricht der Psalm von einer besonderen Sorge Gottes, mit der Er den Menschen „auf allen seinen Wegen" der Hut der Engel anvertraut. –

Eine andere und nun entscheidende Stelle findet sich im Matthäus-Evangelium, wo Jesus mit großer Liebe von den Kindern spricht. Da heißt es: „Sehet zu, daß ihr nicht eines von diesen Kleinen geringschätzt, denn ich sage euch, ihre Engel in den Himmeln sehen allezeit das Antlitz meines Vaters in den Himmeln." (Mt 18, 9–10) „Ihre Engel" – die Worte drücken eine enge Zusammengehörigkeit aus. Das Kind darf sagen: „mein Engel", und dieser: „mein mir anvertrautes Kind"... Doch wäre es Sentimentalität, dieses Verhältnis nur auf die Kinder zu beschränken. Des Schutzes, von dem hier die Rede ist, bedürfen die Erwachsenen ebenso – ja sie vielleicht noch mehr.

Der Mensch ist ein seltsames Wesen; um so schwerer zu verstehen, je länger man sich um ihm bemüht, je länger man selbst Mensch ist. In ihm sind hohe Eigenschaften und große Kräfte, aber auch wieviel Armseliges, Scheinhaftes und Böses. Sein Tun hat unauslöschbaren Sinn, seine Entscheidung bestimmt ewiges Schicksal; zugleich ist er aber gebrechlich und schwankend zum Verzagen. Alle Elemente seines Wesens wie seines Tuns gehen ineinander; jeder Schritt des Geschehens, das ihn trifft, bildet am Ganzen seines Lebensganges mit, was alles heißt, daß er Gestalt intensivster Art ist; in allem aber wirkt eine tiefe Verwirrung. Er hat das Vorrecht, „Ich" sprechen zu können: weiß er aber, wer er ist? Steht er nicht beständig in Gefahr, sich mißzuverstehen? Er ist frei, Herr seiner selbst: hat er sich aber in der Hand? Wird er sich nicht beständig weggeholt, durch Dinge, die ihn begehrlich machen; durch Verwicklungen, die ihn verstricken; durch Geschehnisse, die ihn erschrecken? Und droht ihm nicht stets die Urgefahr, welcher der erste Mensch erlegen ist, statt Gottes Ebenbild „sein zu wollen wie Gott", Herr der Welt?

Und ist der Mensch, der in tausenderlei Beziehungen und Gemeinschaften lebt, immerfort redend, hörend, gebend, nehmend, ergreifend und ergriffen, gebrauchend und gebraucht – ist er nicht im Grunde allein, bis in die Einsamkeit des Sterbens? –

Hier sagt uns Jesu Wort, daß Gott dem Menschen einen Gefährten mitgibt, der sein Eigenes und Eigentliches schützt: sein Wesen, das im Verhältnis zu Gott beruht; sein Ich, das nur Bestand hat in der Antwort auf Gottes währenden Anruf; seine Wahrheit, die nichts anderes bedeutet, als zu sein, wie Gott ihn will. Das ist sein Engel. Er weiß besser um uns, als wir selbst. Er weiß um unser Gott-Ebenbild – der Engel jedes Menschen um dessen besonderes Ebenbild, geschaffen durch den Anruf, mit welchem Gott ihn und ihn allein in sein Dasein gestellt hat. Um das, was sich im „neuen Namen" offenbaren soll, welchen Gott in der ewigen Begegnung dem als treu Befundenen gibt, und den niemand weiß, als Gott, und der ihn empfängt" (Ap 2, 17). Der Engel aber, so denken wir, weiß ihn, denn er ist ja für „seinen" Menschen nicht einfachhin „ein Anderer", sondern der Hüter von dessen Selbst. Ebenso wie der Engel all die Verwirrungen und Verstörungen sieht, die seinen Mensch-Freund von innen her bedrohen; sie in Unbestechlichkeit beurteilt, aber mit ihm zusammen dagegen steht, als wäre es für sich selbst.

Das alles weiß er, weil er „immer das

Angesicht des Vaters schaut, der im Himmel ist". Er ist bei Gott und bei dem ihm Anbefohlenen zugleich, und hier kann er sein, weil er dort ist. Denn Gott ist jedem Menschen der in Wahrheit „Nächste", stehend zwischen ihm und dem Nichts; dem guten, aus dem Er ihn einst herausgehoben, wie dem bösen, das ihn immerfort bedroht. In Gott sieht der Engel die Wahrheit des Menschen eigentlicher, als sie in diesem selbst ist; denn diese Wahrheit denkend hat Gott ihn geschaffen; ihn denkend hält Gott ihn im Sein. Im „Angesicht des Vaters" liest der Engel diese schöpferische Wahrheit; und von Seiner Liebe erleuchtet, sieht er, wie bedroht sie durch die Schwäche des Menschen ist. Darum kennt er seinen so fragwürdig-wunderbaren Mensch-Freund bis in den innersten Grund. –

Dieses, des Menschen eigenstes Wesen, schützt der Engel in den Verhüllungen, Wirrnissen, Gewaltsamkeiten des Lebens. Denn Gott hat ihn durch seinen Auftrag

ins Einvernehmen der Vorsehung gezogen, und er dient ihrer Verwirklichung – der Vorsehung über diesem bestimmten Menschen, wie auch über dem Ganzen der Welt, sofern es sich in diesem Einen entscheidet und verwirklicht.
Er schützt es nicht nur gegen die Gefahr, die von außen, sondern auch gegen jene, die aus dem Menschen selbst kommt: seine Unbotmäßigkeit, seine Unredlichkeit, seine Trägheit, sein Unmaß. Er tut es in der Stimme des Gewissens, in den Warnungen des Herzens, im Wort der Freunde, in den Folgen des Tuns, im Sinn der Geschehnisse – in alledem spricht seine Stimme mit.
Der Engel des Menschen hilft ihm, erselbst zu sein – richtiger ausgedrückt: er-selbst zu werden. Gott hat von Sich gesagt: „Ich bin der Ich bin." Er ist die triumphierende Personalität; vollkommen Er-selbst; Seiner ewig mächtig und sicher, der Herr einfachhin. Der Mensch hingegen ist Person von Gnaden; im An-

gerufensein durch Gott. Und so, daß er erst dazu heranreifen muß; durch beständige Gefahr, seine Personalität in naturhafte Verstrickung preiszugeben, oder zu unwahrer Autonomie zu verfälschen. In diesen tödlichsten aller Gefahren stellt sich der Engel zu ihm und hilft ihm, in Ehre und Demut – beides ist wesentlich und gehört zusammen – er-selbst zu werden. –

Freilich: weil es sich um Wesen und Person handelt, kann diese Hilfe sich nur in Freiheit verwirklichen. Der Mensch wird in sein Eigentliches – daß er sei, als was der Gottesgedanke ihn begründet, und ebendarin er-selbst sei – nicht hineingehoben. Der Engel kann nichts tun, als in tiefer Sorge seines Freundes Freiheit anrufen; in reiner Treue bei ihm ausharren.

Der Mensch aber kann den Ruf auch überhören, ihn mißachten, ihm widerstreben, und so alle Hilfe vergeblich machen. Dann muß der Engel – wohl in einem Schmerz, der über unser Begreifen geht – im Gericht auf die Seite des Urteils treten. Denn hier geht es nicht um Märchen, sondern um Wahrheit.

Wir haben uns dem Geheimnis des Engels nur eben nähern können; aber es hat sich gezeigt, daß der Weg, wenn wir ihn weiter gingen, tief ins Geheimnis unserer Existenz führen würde.
Wir müssen uns das versagen; aber etwas anderes wollen wir tun: uns bewußt werden, daß hier die Möglichkeit einer Beziehung ist, für die wohl kein besseres Wort zur Verfügung steht, als das der Freundschaft, die sich auf das Eigenste bezieht, und die unser Schöpfer selbst uns zuweist. –
Was ist denn ein Freund? Ein Mensch, der bei mir nicht sich selbst meint, sondern wirklich mich. Der mich kennt, mein Gutes wie mein Schlimmes; mich aber so, wie ich bin, für wert und wichtig

hält. Der mich liebt, und ebendeshalb wahr gegen mich ist. Der mein Bestes will, aber dabei meine Freiheit in Ehren hält. Auch eine Ebenbürtigkeit gehört zur echten Freundschaft. In dieser darf kein Übergewicht sein, das abhängig macht, nicht den Einen noch den Anderen. Besteht aber ein solches auf einem Gebiet des Seins, oder Könnens, oder Habens, dann muß es auf einem anderen sein Gegengewicht finden.

Eine solche Freundschaft ist sehr kostbar, und um so seltener, je reiner man sie sieht. Sie mag aber noch so rein, noch so tief sein, immer stößt sie an Grenzen. Wer kann sagen, daß er den Freund ganz verstehe? Aus seinem eigentlichsten Wesen, seiner innersten Gesinnung her? Wessen Selbstlosigkeit ist so echt, daß sie den Freund lauter meint, ohne Nebenabsichten noch Hintergedanken? Und welche Treue ist so fest, daß sie nicht nur den Wandel der Verhältnisse, sondern auch den der Verbundenen selbst, ihrer

Anschauungen, Lebenserfahrungen, inneren und innersten Zustände überdauert?

Vor allem aber: Keine Freundschaft, sie sei noch so großmütig, hebt die Tatsache auf, daß der Eine immer doch nur erselbst und nicht der Andere ist. Daß immer eine Grenze besteht, vom Selbst gezogen. Und, daraus kommend, eine letzte Einsamkeit, die durch keine Gemeinschaft aufgehoben werden kann.

Wenn das, was wir da bedacht haben, richtig ist, dann steht es mit dem Engel – meinem Engel, muß jeder sagen – anders. Er ist groß, und ich werde mich mit ihm nicht vergleichen. Aber wir sind beide geschaffen und darin einander gleich. Und Gott hat uns in einer Gemeinschaft verbunden, die das Letzte angeht, und für die es im Irdischen keine Entsprechung gibt. Zwischen uns besteht eine Solidarität, unmittelbar von Gott her. In ihr geht es um mein Heil – wer aber kann sagen, was für die eigene

Ewigkeit des Engels von mir abhängt? – Hier wäre eine Möglichkeit der Freundschaft, wie sie sonst nirgendwo ist... Wenn nur nicht ein so schweres Hindernis wider sie stünde, daß wir des Gedankens an unseren Engel so ganz entwöhnt sind! Daß er uns so sehr ins Ästhetische oder gar ins Kindische entglitten ist! Hier wäre etwas zu entdecken, das wir verloren haben. Wir müßten uns zu etwas durchgraben, das verschüttet ist. Ob es sich nicht lohnen würde? Besonders wenn wir bedenken, daß es ja doch keine einseitige Bemühung wäre, denn der Engel ist ja doch da, still, gegenwärtig, unbeirrbar uns zugewendet. So würde er also doch helfen, mit leiser, liebender Kraft, die Fremde zu durchdringen...
Ob dadurch nicht die Stunden der Einsamkeit einen neuen Sinn gewinnen könnten? Das Dunkel der Schwermut? Die Wand des Nicht-Verstandenseins? Alles ganz ruhig, ohne Phantastereien und Überspanntheiten, einzig vertrau-

end auf Jesu Wort – und, durch dieses Wort erhellt, auf die tiefe Ahnung des Menschengeschlechts, daß wir mit unserem Selbst, dem zerbrechlichen und fragwürdigen, das aber doch eben das unsere, für jeden von uns eine und einzige ist, nicht allein im Dasein stehen, wie es mit unseren menschlichen Beziehungen auch immer bestellt sein möge…

Die Engel

Die dritte Bitte des Vaterunsers lautet: „Dein Wille geschehe, wie im Himmel, also auch auf Erden.“ Sobald wir uns dem Satz nähern, fühlen wir das Geheimnis: Der ihn spricht, bittet, Gottes Wille, der doch allmächtig ist, möge verwirklicht werden. Das Geheimnis der Gnade in ihrem Verhältnis zur Freiheit kündigt sich an... Zuerst wollen wir uns aber den letzten Worten zuwenden: Gottes Wille möge so auf Erden geschehen, wie er im Himmel geschieht. Durch wen geschieht er im Himmel derart vollkommen, daß sein Tun zum Vorbild für uns auf Erden wird?

Man könnte sagen – und es wäre keine schlechte Antwort –, mit „Himmel" sei die Weite des Weltraums gemeint, wo die Schöpfung sich entfaltet und ihrem fernen Ziel zubewegt. Dann würde die Bitte bedeuten: Wie dort der Wille des Schöpfers mit Notwendigkeit geschieht, den Gesetzen folgend, die Er der Natur eingeschaffen hat, so möge, doch nun in Freiheit, sein Wille auf der Erde geschehen, nämlich durch den Gehorsam des Menschen gegen Gottes Gebot, wie es sich im Gewissen kundtut. Das ist aber nicht gemeint, sondern jene Erfüllung des Gotteswillens, die zum Maß erhoben wird, geschieht ebenfalls in Freiheit, reinster Freiheit, und zwar durch die Engel. So wollen wir uns der Frage zuwenden, wie es denn mit ihnen bestellt sei.
Wenn wir einen rationalistischen Religionshistoriker oder einen liberalen Theologen fragten, welche Bewandtnis es mit den Engeln der Heiligen Schrift habe, dann würde er uns wahrscheinlich aus-

einandersetzen, sie seien eine Form des Geisterglaubens, wie er sich bei den verschiedensten Völkern finde. Auf früher Kulturstufe seien diese unfähig, das Verhalten der Dinge aus natürlichen Ursachen zu erklären; so dächten sie Wesen hinein, welche die Naturvorgänge regieren, und diese Vorstellung wirke lange nach. Oder er würde sagen, das religiöse Denken fühle den Drang, zwischen der höchsten Gottheit und der Mannigfaltigkeit des Irdischen Zwischenglieder einzufügen, die nach unten und nach oben vermitteln; das seien dann Wesen, die höher stünden als der Mensch, aber tiefer als Gott. Motive solcher Art kämen auch in den Anschauungen des Alten und des Neuen Testaments zur Geltung, und das Ergebnis sei die Vorstellung von Engeln. Hinzu komme, daß die biblischen Schriften unter dem Einfluß von Kulturen entstanden sind, in denen die Vorstellung von solchen Zwischenwesen sehr entwickelt war, Assyrien, Babylon, vor allem

Persien, und dieser Einfluß mache sich in der biblischen Engellehre geltend.

Fragte man dann weiter, wie es denn mit Jesus stehe, so würde die Antwort lauten, Er habe in der Geschichte seines Volkes gelebt und daher die gleichen Einflüsse erfahren. In gewissen Punkten seiner Lehre sei Er zu ganz reinen religiösen Vorstellungen durchgedrungen; im übrigen habe Er gedacht wie Alle.

Immer wieder wundert man sich, daß zur Erklärung eines biblischen Gedankens alle möglichen Ursachen angeführt werden, die nächstliegende aber nicht. Wenn nämlich Menschen von einem religiösen Rang, wie die Lehrer des Alten und Neuen Bundes – Jesus selbst gar nicht zu nennen – über Engel reden, dann tun sie es aus dem einfachen Grunde, weil es Engel gibt. Sie haben es erfahren, und diese Erfahrung bezeugt Wirklichkeit; so wie das Reden von Adlern auf der Tatsache ruht, daß Leute mit Augen Adler gesehen haben. Es berührt einen sehr seltsam, wenn ein Gelehrter des neunzehnten oder zwanzigsten Jahrhunderts – der selbst vielleicht nie wirkliche religiöse Erfahrungen gemacht hat, noch in echter religiöser Tradition steht – darüber urteilen will, was es bedeutet, wenn die Genesis, oder Isaias, oder gar Jesus von Engeln reden. Es ist gut, sich von Zeit zu Zeit an die Rangordnung des Geistes zu erinnern…

Schon die ersten Bücher des Alten Testamentes sprechen von Engeln. In ihren Berichten erscheint jene geheimnisvolle Gestalt, die sich einer genauen Bestimmung entzieht, weil sie einerseits als Gottes Bote auftritt, anderseits Er selbst ist, nämlich der „Engel des Herrn". Vielleicht können wir sagen, sie sei Gott, sofern Er sich in die Geschichte hineinwende. So heißt es im Bericht über die Vision des Moses am Horeb zuerst: „Der Engel des Herrn erschien ihm in einer Feuerflamme, die aus einem Dornbusch

hervorloderte“ – sofort nachher aber: „Und der Herr sah, wie jener herankam, und Gott rief ihm aus dem Dornbusch zu: „Moses, Moses!“ (Ex 3, 2–4)
Oft verbindet sich das Bild Gottes als des Weltherrschers mit dem der Engel, die ihn wie im Hofstaat oder eine Heerschar umgeben. Der 102. (103.) Psalm zum Beispiel sagt: „Preiset den Herrn, ihr Seine Scharen alle, Seine Knechte, die ihr seinen Willen erfüllt.“ (21) Zu Bethel sieht Jakob sie im Traum die Himmelsleiter auf- und absteigen, als Boten, die im Dienst des Allherrn zwischen Ihm und der Erde vermitteln (Gen 28, 12). Daß Gott auf den Flügeln der Cherubim dahinfährt, ist Ausdruck seiner Gewitterherrlichkeit (Ps 17, 18, 11). In der Berufungsvision des Ezechiel haben sie geheimnisvolle Gestalt, die sie als Wesen von ungeheurer pneumatischer Mächtigkeit kundtut (Ez 1, 4ff). Im 90. (91.) Psalm endlich umgeben sie den Lebensweg dessen, der auf Gott vertraut, und

vollbringen an ihm das Werk der Vorsehung: „Er entbietet für dich Seine Engel, daß sie dich schützen auf allen deinen Wegen“ (11). So wäre noch manches zu nennen.

Im Neuen Testament sind ihre Gestalten und Dienste unlöslich mit dem Leben Jesu verbunden. Der Erzengel „Gabriel, der vor Gott steht“, sagt Zacharias, ihm solle ein Sohn, Johannes, geboren werden (Lk 1, 11–19). Der gleiche bringt Maria die Botschaft der Menschwerdung von Gottes Sohn (Lk 1, 26–38). Engel verkünden den Hirten die frohe Kunde (Lk 2, 8 ff); belehren Joseph über das Geheimnis Marias (Mt 1, 18 ff) und geben ihm Weisungen für die Sicherheit des Kindes (Mt 2, 13 ff, 19 ff). Nachdem der Herr die Stunde der Versuchung durchgestanden hat, heißt es: „Engel kamen und dienten Ihm“ (Mt 4, 11), und sie erscheinen Ihm, wie Er in der Nacht auf Gethsemane die äußerste Entscheidung vollbringt (Lk 22, 43). Engel sind um das

Geschehen der Auferstehung bemüht (Mt 28, 1 ff), und nach Christi Himmelfahrt sind sie es, die den Jüngern verkünden, was sich ereignet hat, und was sie tun sollen (Apg 1, 10).

In der frühesten Zeit der jungen, noch ganz vom Licht und der Glut der Pfingsten durchwalteten Gemeinde zeigt der Bericht wieder das geheimnisvolle Tun der Gottesboten (vgl. Apg 5, 19 u.a.). Paulus deutet an, daß die Engel untereinander einen Zusammenhang bilden, der nach Ordnungen gegliedert ist; so nennt er „Throne, Hoheiten, Herrschaften und Mächte“ (Eph 1, 21; Kol 1, 16), Begriffe, die als Gemeinsames die Fülle der Geistesmacht, zugleich aber Unterschiede im Charakter und der Übung dieser Macht ausdrücken. Die Apokalypse endlich zeigt, wie sie mannigfache Dienste in der Führung und Vollendung des Weltschicksals tun. Wir hören von den vier Machtwesen des Ezechiel (4,6); den sieben „Engeln, die vor Gott stehen“, mit solcher Stärke begabt, daß sie die furchtbare Gegenwart ertragen (8, 2); von den Unzähligen, den Heerscharen, welche die heiligen Handlungen umgeben (5, 11); von jenen, die im Vollzug des Endgerichts dienen (8, 6 ff).

Das ganze Geschehen der Apokalypse ist von ihrem Tun durchzogen; doch machen die Erklärer darauf aufmerksam, wie zurückhaltend die Schilderung im Vergleich zur Phantastik der zeitgenössischen Literatur ist. Nie haben sie eigene Initiative, sondern ihre ganze Existenz ist dadurch bestimmt, daß sie, obwohl gewaltig in Wesen und Macht, vollkommen im Willen Gottes stehen, in Freiheit Ihm ergeben.

Diese Engel sind dem biblischen Bild des Heilsgeschehens derart eingeordnet, daß keine Kritik „geistiger“ Christlichkeit sie daraus lösen kann, ohne es zu verletzen.

Aus dem Zusammenhang der Offenbarung ersehen wir, daß vor der Erschaffung der sichtbaren Welt sich die einer rein geistigen ereignet hat, nämlich der Engel. Die da erschaffen wurden, sind nicht nur Kräfte oder Beziehungen, sondern Wesen; Personen mit Einsicht, Freiheit und Verantwortung. So steht auch in ihrem Dasein eine sittliche Entscheidung. Darüber sagt uns die Offenbarung nichts Näheres, denn auch das Wort: „Ich sah den Satan wie einen Blitz aus dem Himmel fallen" (Lk 10, 18), ist von der Entmachtung des Widersachers durch die Erlösung zu verstehen. Jedenfalls sind aber die Engel vor die Probe gestellt worden, ob sie Gottes heilige Souveränität anerkennen würden oder nicht. Da ist die erste Entscheidung zwischen Gut und Böse gefallen. Zum ersten Mal ist der Wille Gottes getan worden. Daß dieser Wille getan werde, ist Gottes Reich – so hat da das „Reich Gottes" begonnen.

Ebenda hat aber auch die Auflehnung gegen den Willen Gottes begonnen. Wesen von höchster Kraft der Erkenntnis, des Willens, der Freiheit und Verantwortungsfähigkeit haben sich wider Gottes Herrschaft empört und Herren von eigenen Gnaden sein wollen. Dadurch haben sie sich für das Böse bestimmt: sie sind zu satanischen Wesen geworden. Wie das möglich sei, wird stets unverstehbar bleiben; es ist das mysterium iniquitatis, das Geheimnis des Bösen.

Um es zu umgehen, ist immer wieder der Versuch gemacht worden, die Welt dualistisch, zweisinnig zu denken; so also, daß in ihr zwei Urmächte angenommen werden, eine gute und eine böse, deren Kampf die Geschichte bilde. Ebendamit wurde aber auch die Unbedingtheit von Gut und Böse aufgehoben, denn nach dieser Ansicht wäre ja beides nötig. Ja Gott selbst wird entthront und in eine ebenso törichte wie lästerliche Polarität zu „Satan“ gestellt. Philosophen und Dichter, selbst solche von höchstem Rang, haben so gedacht und gemeint, damit den Sinn des Daseins zu erfassen;

in Wahrheit haben sie alles ästhetisiert. Der wirkliche Sinn des Daseins und sein eigentlicher Ernst liegen darin, daß der Eine Gott, der „heilige Allherrscher“, in unbegreiflicher Großmut seinen Geschöpfen die Gabe der Freiheit verliehen hat; echter, redlicher Freiheit; der Fähigkeit, zu wählen, auch gegen Ihn.

So sehen wir denn, daß im Leben Jesu auch die bösen Engel auftauchen. Man kann sie daraus ebensowenig hinaustun wie die guten. Der Anspruch, das Neue Testament, das ja doch auf dem Bewußtsein Jesu ruht, „reinigen“ zu wollen, ist anmaßend und töricht. Von den Maßstäben, die er aufstellt, wollen wir die Hände lassen, sonst „spotten wir unser selbst und wissen nicht, wie“.
Bevor Jesus anfängt, zu lehren, geht Er in die Einöde im Osten des Landes und tritt in jene Erhebung des Geistes ein, die ein langes Fasten hervorruft. In diesem Zustand höchsten Seinsgefühls nähert

sich Ihm der Feind Gottes und versucht, das werdende Reich in seinem Ursprung zu zerstören, denn dieser Ursprung ist der Wille Jesu, der den Willen seines Vaters erfüllt. Daß Er in die Einsamkeit geht, weg von Menschen und Menschenwerk; daß Er fastet, alles von sich tut, gleichsam bloß im Sein wird, hat nur den einen Sinn, sich ganz mit diesem Willen eins zu machen, von dem Er einmal sagen wird, ihn zu tun, sei „seine Speise" (Joh 4, 34). In diese Stunden tiefster Sammlung, reinster Gespanntheit, dringt der Feind Gottes ein, um den Willen Jesu von dem seines Vaters loszubrechen. Er versucht, den Hungernden zur Gier, den von göttlicher Stärke Erfüllten zum Übermut, den wahrhaft zur Herrschaft Fähigen zur Weltbemächtigung zu verleiten – um den Preis, daß Er sich verehrend vor Satan in den Staub werfe, wie das vor dem orientalischen Herrscher geschah. Jesus aber weist ihn ab, wissend, klar, ohne einen Hauch des Kompromisses.

Da ist Wille Gottes geschehen auf Erden, und Reich Gottes ist geworden.

Durch das, was die Offenbarung über die Engel sagt, wird der Mensch in Beziehungen gebracht, die uns Heutige fremdartig berühren. Wie sieht denn unsere Zeit die Situation des Menschen? Für die Einen ist er ein Wesen, das sich aus der allgemein-biologischen Linie heraufentwickelt, geistige Fähigkeiten und sittlichen Rang gewonnen hat, im Letzten aber einen Teil der Natur bildet, wie alle anderen auch. Für Andere ein trotz aller Fragwürdigkeit unabhängiges Wesen, Herr seiner selbst und seines Schicksals, berechtigt, sich und der Welt das Gesetz zu geben. Die Schrift sieht den Menschen nicht so.

Für sie gibt es den bloß menschlichen Menschen nicht. Wir entsinnen uns der Stelle im Evangelium, wo Jesus von den Kindern spricht und über den, der eines von ihnen zum Bösen verführt, das Wehe ausruft. Dann fährt Er fort: „Denn Ich sage euch: ihre Engel in den Himmeln schauen allezeit das Angesicht meines Vaters, der in den Himmeln ist." (Mt 18,10) Ein abgründiges Wort! Es sagt, daß hinter dem Menschen, der ein „Ich" ist und scheinbar mit sich allein, in Wahrheit ein Helfer steht – denn was das Wort sagt, gilt ja nicht nur für das Kind, das schwach und unerfahren wäre, sondern für jeden Menschen; macht sich doch keiner, der den Menschen kennt, Illusionen darüber, wie schwankend auch der Stärkste und Erfahrenste im Grunde ist. Die Menschheit hat das immer geahnt; die Sage vom Schutz- und Folgegeist zeigt es. Dessen Gestalt ist keine Hilfsvorstellung, mit welcher das Selbsterlebnis sich zu verdeutlichen suchte, sondern in ihr drückt sich ein dunkles Wissen aus, das durch Jesu Worte zur Klarheit gebracht wird. Die Person des Menschen ist sie selbst nicht aus eigener Kraft allein, sondern ein Wesen ist da, das ihr hilft, „Ich" zu sein und sie in diesem Ich-Sein schützt. Wir wissen aus eigener Erfahrung, wie leicht man vergißt, daß man in der Verantwortung des Ich steht; wie oft man diese Verantwortung irgendwohin abgibt, an die Natur, an Freunde oder Vorgesetzte oder Behörden, an die Gesellschaft oder die Geschichte der Menschheit. Das Wesen neben ihm mahnt und hilft, sie aufrecht zu halten. Das ist der Engel. So daß der Mensch kein in sich allein stehendes – was bei seiner Endlichkeit soviel heißen würde wie ein verlassenes – Selbstwesen ist, sondern in einem Bündnis existiert.

Doch auch etwas anderes ist wahr: Daß es Wesen gibt, die den Menschen hassen: die abgefallenen Engel, Satan und die Seinen. Sie sind dem Menschen feind, von vornherein. Nicht weil er sie beleidigt hätte oder sie bedrohte, sondern weil Gott ihn liebt, weil er durch Christus Kind des himmlischen Vaters ist und ewigen Lebens teilhaftig werden soll. Das alles hängt aber daran, daß er im Willen Gottes bleibe; so suchen die Wesen ihn aus dem heiligen Willen herauszureißen. Nicht Reich Gottes soll er wollen, sondern Reich seiner selbst – nicht merken, daß er dabei Reich des Satans wird.

So ist der Mensch ein umkämpftes Wesen. Es lohnt, das menschliche Dasein einmal von hier aus zu betrachten. Wenn wir es nur vom Welthaften her tun, werden wir es nie verstehen. Versuchen wir es; überall werden wir Lücken fühlen – vorausgesetzt natürlich, wir haben den ganzen Menschen im Blick und verlangen ganze Erklärung. Versuchen wir es auf den Wegen von Kant oder Hegel, Marx oder Sartre, soziologisch oder biologisch oder psychologisch; wir werden Hypothesen machen und Konstruktionen bauen, doch die Sache wird nicht aufgehen. Immer werden sich Lücken zeigen, immer Über- oder Unterwertungen, immer Widersprüche. Und wenn wir den Mut haben, der nötig ist, um die

Konsequenz zu ziehen, werden wir zum Ergebnis kommen: Der Mensch ist aus ihm selbst allein nicht zu verstehen; sein individuelles Dasein ebensowenig wie seine Geschichte. Er ist Er-selbst und noch ein Mehr dazu. Er ist Ich, aber in diesem seinem Ich beschützt und auch bedroht. Ist jenes Wesen, das von vornherein einen Freund, aber auch Feinde hat, die nicht von dieser Welt, aber in seiner Existenz wirksam sind.

So geht die Bitte dahin: Herr, gib, daß Dein Wille auf Erden so durch mich geschehe, so wie er geschehen ist durch jene, die Dir treu geblieben und Engel der Herrlichkeit geworden sind. Und gib, daß sie, die Deinen Willen zum Sieg gebracht haben im Himmel, ihn auch zum Sieg bringen in uns.

Die Lehre der Offenbarung scheint auf den ersten Blick etwas Märchenmäßiges oder Kindliches zu haben, oder welchen Namen man der Befremdung geben mag, die man vor ihr empfindet – bis man sich mit ihr einläßt. Dann sieht man, wie wirklichkeitsgemäß, wie wahr sie ist. Von einer Wahrheit, die nicht aus Entdeckungen kommt, die heute gemacht werden und morgen überholt sind, noch aus Theorien, die immer nur Teile und Blickflächen, nie das Ganze erreichen; einer Wahrheit vielmehr, die aus dem ewigen Ursprung kommt und die ganze Wirklichkeit erfaßt.

Die Wissenschaft ist eine hohe Aufgabe, doch darf man aus ihr nicht mehr machen, als sie ist. Darf sich durch sie nicht einschüchtern lassen, wo ihr kein Recht zusteht. Die letzten Fragen werden von ihr nicht beantwortet; auf die kommt die Antwort von Gott.

Eine solche Lehre, wie die von den Engeln, ist Offenbarung. Von ihr könnte man in manchen Kreisen nicht reden; alles würde lächeln. Dennoch sagt sie uns über den Menschen etwas, das keine Wissenschaft noch Philosophie zu sagen vermöchte: Daß er nicht auf eigene Faust im Dasein steht. Er existiert nicht aus den Tiefen der Natur, nicht aus dem Prozeß der Geschichte und des Geistes, nicht aus dem Gefüge von Wirtschaft und Gesellschaft heraus, sondern ist Person, hat Würde und Verantwortung. Doch ist er immer in Gefahr, diese zu vergessen oder zu übersteigern; seine Person an irgendwelche Mächte zu verlieren, die ihm dafür Wohlfahrt und Macht verheißen, oder sich selbst zum Herrn über das Schicksal zu machen. In dieser Gefahr ist er von Wesen umgeben, die ihm helfen, Ich zu sein, Verantwortung zu tragen, und das in Wahrheit und Maß. Aber auch von Wesen, die ihn aus dem Willen Gottes reißen wollen, in dessen Erfüllung er überhaupt erst wirklich Mensch wird.

Von hier aus versteht man das Wesen der Person tiefer, als aus allen bloß psychologischen oder philosophischen Erwägungen.

Bibliographische Notiz

Der Engel. Drei Ansprachen:
zuerst in: Schildgenossen, 17, 1938, S. 185–193; dann in: Predigten zum Kirchenjahr, Leipzig 1963, S. 281–296; zuletzt als Privatdruck für die Freunde, Weihnachten 1964, Würzburg 1964.

Der Engel des Menschen:
zuerst in: Wahrheit und Ordnung. Universitätspredigten, Heft 6, Würzburg 1956, S. 129–140.

Die Engel:
zuerst in: Wahrheit und Ordnung. Universitätspredigten, Heft 27, Würzburg 1960, S. 641–652; dann in: Gebet und

Wahrheit. Meditationen über das Vaterunser, 3. Aufl., Mainz-Paderborn 1988, S. 88–97 (1. Aufl. Würzburg 1960)